This book is for
an incredible girl: you.

Este libro es para
una niña increíble: tú.

Olivea
_____
(your name here)
(tu nombre aquí)

☆ ☆ ☆

Your future is your own;
make it everything you can.

Tu futuro es tuyo propio;
haz con él todo lo que puedas.

Love you,
Nana & Papa
OXOX
3/28/12

Also by Ashley Rice

For an Incredible Kid
Girl Power
Girls Rule
You Are a Girl Who Totally Rocks
You Go, Girl... Keep Dreaming

Adelante, niña... Sigue sonañdo
Sólo para niñas

Library of Congress Catalog Card Number: 2011903271
ISBN: 978-1-59842-618-2

Artes Monte Azul is registered in U.S. Patent and Trademark Office and other countries. Certain trademarks are used under license.
Artes Monte Azul es una marca comercial registrada en los EE.UU. y en otros países. Algunas marcas comerciales son usadas por licencia.

Printed in China.
First printing of this edition: 2011
Hecho en China.
Primera impresión de esta edición: 2011

Blue Mountain Arts, Inc.
P.O. Box 4549, Boulder, Colorado 80306

For an

Incredible Girl

Para una niña increíble

...stories, tips, and advice
about how to grow up strong

...historias, consejos y recomendaciones
sobre cómo crecer con fuerza

Bilingual Edition
Edición bilingüe

Ashley Rice

Blue Mountain Press™

Boulder, Colorado

Introduction

Life is full of brilliant moments, good days, and sunshine. It's also full of scraped knees and missed chances. But have you ever noticed that when you are having a scraped-knee kind of day, if you try talking to a friend, listening to your favorite CD, or even reading a good book, it can make you feel stronger? Sometimes you feel better knowing others go through the same things you do.

This book is filled with stories about growing up, which, like climbing mountains, can sometimes be tough and sometimes exhilarating. But that's the thing about challenges: you always walk away from them having learned something.

You are unique, it's true, and your life is not and never will be exactly like anyone else's (this is a good, miraculous, and even wonderful thing).

So whether you are dealing with the challenges of school and changing friendships, the different (and sometimes confusing) expectations of adults around you, or personal goals that aren't progressing the way you'd like them to, the first thing to do is to try not to worry too much! Some situations you may find yourself in CAN BE really tough, but there is nothing you can't conquer — no matter what is going on around you — if you have the right mindset and believe in yourself.

Introducción

La vida está llena de momentos geniales, días buenos y sol. También está llena de rodillas raspadas y oportunidades perdidas. ¿Pero te diste cuenta de que cuando tienes uno de esos días de rodillas raspadas, si intentas conversar con un amigo, escuchar tu CD favorito o incluso leer un buen libro, quizás te sientes más fuerte? A veces uno se siente mejor al saber que otros pasan por las mismas cosas.

Este libro está lleno de historias que tienen que ver con el crecimiento, que como escalar montañas, a veces puede ser difícil y otras veces estimulante. Pero eso es lo que sucede con los desafíos: siempre sales de ellos habiendo aprendido algo.

Cada persona es única, es cierto, y tu vida no es ni será exactamente como la de ninguna otra persona (esto es bueno, milagroso e incluso maravilloso).

Así que ya sea que te enfrentes a los desafíos de la escuela, a cambiar de amigos, a las diferentes (y a veces confusas) expectativas de los adultos que te rodean o a las metas personales que no están progresando de la manera que te gustaría, lo primero que tienes que hacer es no preocuparte demasiado. Algunas situaciones en las que te encuentres PUEDEN SER verdaderamente difíciles, pero no hay nada que no puedas conquistar — no importa lo que suceda a tu alrededor — si tienes la disposición correcta y crees en ti misma.

Some Advice for Growing Up

Act confident. Believe in yourself. Care about others. Dare to be different. Envision your dreams. Find something to love. Grant wishes. Hope hard. Invite possibility. Judge little. Keep promises. Laugh a lot. Make friends. Never give up. Open your mind. Plant miracle seeds. Question everything. Run as fast as you can just to see what it feels like. Stay true. Try whatever you can. Understand empathy. Volunteer. Win gracefully (when you win). X marks the spot to your dreams... (you'll get there). Yield to oncoming traffic. Zero in on what's important, and keep those things close to your heart — always.

Algunos consejos para crecer

Actúa con confianza. Cree en ti misma. Preocúpate por los demás. Atrévete a ser distinta. Imagina tus sueños. Encuentra algo para amar. Concede deseos. Mantén la esperanza. Invita las posibilidades. Juzga poco. Cumple tus promesas. Ríe con ganas. Haz amigos. Nunca te des por vencida. Abre tu mente. Planta semillas milagrosas. Cuestiona todo. Corre tan rápido como puedas sólo para ver cómo se siente. Sé auténtica. Prueba todo lo que puedas. Comprende la empatía. Haz trabajo voluntario. Gana con gracia (cuando ganes). La X marca el lugar de tus sueños... allí llegarás. Cede el paso al tráfico de frente. Concéntrate en lo que es importante y consérvalo cerca de tu corazón — siempre.

The Cut

The Time I Didn't Make the Team

I have always wanted to be a runner. In fourth grade, the first year track was offered at my school, I tried out for the relay team.

Tryouts were held in the early mornings before school. Eliminations were made by having us race together in groups. We lined up at the starting line, ten girls at a time, to run the 100-yard dash.

The coach (one of my friends' dads) timed us. When all the groups had run, he called us back together. We already knew Lizzie would get the fastest time; long-legged with an older sister who ran marathons, she was an obvious athlete.

"Do you girls know who had the second fastest time?" the coach asked us dramatically. Next he said my name, which made me proud, but then to my horror he said, "So the rest of you must not be putting in much effort. Step it up, now! You can beat her." I immediately felt deflated.

La selección

La vez que no entré en el equipo

Siempre quise ser una corredora. Cuando estaba en cuarto grado, en mi escuela se organizó el equipo de atletismo y yo me presenté a las pruebas para el equipo de relevos.

Las pruebas se realizaron por la mañana temprano antes de entrar a la escuela. En las eliminatorias nos hicieron correr en grupos. Nos alineábamos en la línea de largada, de a diez niñas por vez, para correr las 100 yardas llanas.

El entrenador (el papá de una de mis amigas) nos tomaba el tiempo. Cuando ya habían corrido todos los grupos, nos reunió a todas. Ya sabíamos que Lizzie tendría el tiempo más rápido. Ella tenía piernas largas y una hermana mayor que corría maratones. Era obviamente una atleta.

"Chicas, ¿saben quién tuvo el segundo tiempo más rápido?" nos preguntó el entrenador con dramatismo. Luego dijo mi nombre, lo cual me enorgulleció, pero después, horrorizándome dijo, "Así que el resto de ustedes no debe estar esforzándose demasiado. ¡Mejoren, ahora! Ustedes pueden vencerla". Me sentí inmediatamente desinflada.

We ran the same 100-yard dash three more times, and each time girls lined up on either side of me, determined to please our coach and run faster than I did. By the end of that first day I was eliminated.

I know it hurt not to have made the relay team that year, but so much has happened since then that I barely remember feeling sad. Long-distance track, which suited me better, was offered during middle school. By seventh grade my name was often announced over the loudspeakers as the winner of the one-mile run. In high school I was also a varsity team captain.

Rather than scaring me away from sports and other tryouts, the 100-yard dash lesson taught me something I would remember whenever anyone told me what I wanted to do was too difficult or that I did not have the potential. If you really want to pursue something you love, keep trying!

Corrimos las mismas 100 yardas llanas tres veces más y cada vez las niñas se alineaban a mis costados, determinadas a complacer a nuestro entrenador y correr más rápido que yo. Al final de ese primer día yo estaba eliminada.

Sé que fue doloroso no entrar en el equipo de revelos ese año, pero han pasado tantas cosas desde entonces que apenas recuerdo sentirme triste. Durante la escuela media se comenzó a practicar carrera de larga distancia, que era más adecuada para mí. Al llegar a séptimo grado mi nombre era anunciado con frecuencia por los altoparlantes como la ganadora de la carrera de una milla. En la escuela secundaria también fui capitana de la selección.

En lugar de asustarme y alejarme de los deportes y otras pruebas, la lección de las 100 yardas llanas me enseñó algo que recordaría cada vez que alguien me dijera que algo que quería hacer era demasiado difícil o que no tenía el potencial necesario. ¡Si realmente quieres hacer algo que amas, sigue intentándolo!

Stuff to Consider
When You're Trying Out
for the Team

1. The people who start out as the "very
   smartest," "very fastest," or "very" anything
   will not necessarily end up that way. Most
   things in life have less to do with "raw
   talent" than with putting your heart into
   everything you do, believing in yourself,
   and giving a sincere effort. In other words,
   you have as good a chance as anyone.
   Whatever you want to do, go for it.

2. Don't worry if you are not one of the
   coach's favorites or one of the teacher's
   pets. Just try to focus on your goals and do
   the best you can. Your teammates and
   peers will respect you for that.*

   *If you ARE a favorite or pet, that's great, too.
   Just remember that favoritism can be fickle and,
   just like luck, can change on a dime — so try not
   to depend on it.

Cosas para considerar
cuando te estés probando
para el equipo

1. Las personas que comienzan siendo las "más inteligentes", "más rápidas" o "más" lo que sea no terminarán siéndolo necesariamente. La mayoría de las cosas en la vida tienen menos que ver con el "talento natural" que con poner el corazón en todo lo que hagas, con confianza y haciendo un esfuerzo sincero. En otras palabras, tienes tantas probabilidades como cualquiera. Lo que sea que quieras hacer, hazlo.

2. No te preocupes si no eres la favorita del entrenador o una de las preferidas de los maestros. Sólo intenta concentrarte en tus metas y haz tu mejor esfuerzo. Tus compañeras de equipo y tus pares te respetarán por ello.*

    *Si ERES la favorita o preferida, también es genial. Sólo recuerda que el favoritismo puede ser inconstante y, al igual que la suerte, puede cambiar de pronto — así que intenta no depender de él.

A Friend Is...

A friend is a
laughter-filled day
to treasure when it rains.

A friend is
sunshine on an
otherwise gray day.

A friend is a
smile I will always
remember.

A friend is a
very special flower.

Una amiga es...

Una amiga es un
día lleno de risas
para atesorar cuando llueve.

Una amiga es
el brillo del sol en un
día que por lo demás es gris.

Una amiga es una
sonrisa que siempre
recordaré.

Una amiga es una
flor muy especial.

Messed-Up Scrapbook

Caught Between Two Friends

My friend Allie and I were hosting a scrapbook party at my place. I was busy getting supplies ready a few days before the party when I got a frantic phone call from her. She quickly explained to me that she had gotten into a fight with Cynthia — who was on our guest list — and went on to say that it would be impossible for her to be at the party with Cynthia. Allie asked me if I minded if we sent an e-mail to uninvite Cynthia.

I considered Allie's side of the story (and my own desire not to ruin a party we'd already planned) and then said, "Okay. Do whatever you need to do." I sincerely believed I could call Cynthia later on my own and explain to her that even though she was no longer invited to a party at my house, I did not hold anything against her and still wanted to be friends with her.

But how would I feel if I were suddenly uninvited from something, whatever the circumstances?

Un álbum de recortes arruinado

Dividida entre dos amigas

Mi amiga Allie y yo estábamos organizando una fiesta temática de álbum de recortes en mi casa. Yo estaba ocupada en conseguir los materiales unos días antes de la fiesta cuando recibí una llamada telefónica desesperada de ella. Me explicó rápidamente que se había peleado con Cynthia — quien estaba en nuestra lista de invitadas — y luego dijo que sería imposible para ella estar en la fiesta junto con Cynthia. Allie me preguntó si me importaba si le enviábamos un e-mail para cancelarle la invitación a Cynthia.

Consideré la versión de la historia de Allie (y mi propio deseo de no arruinar una fiesta que ya habíamos planeado) y le dije, "Está bien. Haz lo que tengas que hacer". Sinceramente pensé que podría llamar a Cynthia más tarde y explicarle que, si bien ya no estaba invitada a la fiesta en mi casa, yo no tenía nada en su contra y quería seguir siendo su amiga.

¿Pero cómo me sentiría yo si de pronto me retiraran una invitación, sean cuales sean las circunstancias?

I thought about it some more and then called Allie back. "Why don't we just cancel the party? That way we won't hurt someone's feelings," I said. I told Allie she might even make up and become friends with Cynthia again over time (if she wanted to) but probably not if we uninvited her. Plus, we could always reschedule the party for later. After a pause, Allie said, "You know what? I think you're right."

Instead of sending a personal note to Cynthia, we sent a general note to everyone: "We're very, very sorry, but we will have to cancel the party this weekend. Please call if you want to get together." Friday night I hung out with Cynthia, and I spent Saturday with Allie. Even though we didn't get to make the scrapbooks, the spirit of friendship had been preserved.

Pensé en ello un poco más y luego volví a llamar a Allie. "¿Por qué no cancelamos la fiesta? De esa manera no heriremos los sentimiento de nadie", le dije. Le dije a Allie que quizás haría las paces y se amigaría nuevamente con Cynthia con el tiempo (si así lo deseaba) pero probablemente no si le retirábamos la invitación. Además, siempre podríamos programar la fiesta para otro momento. Después de una pausa, Allie dijo, "¿Sabes qué? Creo que tienes razón".

En lugar de enviar una nota personal a Cynthia, les enviamos una nota general a todas: "Lo lamentamos muchísimo, pero tendremos que cancelar la fiesta de este fin de semana. Por favor, llamen si quieren reunirse". El viernes en la noche estuve con Cynthia y pasé el sábado con Allie. Si bien no llegamos a hacer los álbumes de recortes, habíamos preservado el espíritu de la amistad.

Stuff to Consider
When Your Friends Are Fighting

1. Do not speak badly of one friend in front of the person with whom she is fighting and vice versa. You will only add fuel to the gossip fire, and if your two friends ever reconcile, you will possibly get burned yourself as a result of your words.

2. Friendships — like most things in life — can be bumpy and complicated. I can count my true friends on the fingers of one hand. I do not know what I would have done without them when I was growing up.

Cosas para considerar
cuando tus amigas se pelean

1. No hables mal de una amiga en frente de la persona con la que está peleada y viceversa. Sólo agregarás leña al fuego de los rumores y si tus amigas se reconcilian alguna vez, es probable que tú te quemes como resultado de tus palabras.

2. Las amistades — como casi todas las cosas de la vida — pueden ser agitadas y complicadas. Yo puedo contar mis verdaderos amigos con los dedos de una mano. No sé que habría hecho sin ellos cuando estaba creciendo.

There will be good days
and bad days in your life.
There will be times
when you want to laugh
and times when you want to
shout out in frustration.
But don't let the
"bad" days get you down.
Don't let your own
limitations or those of others
around you make you frown.
Instead, accept your talents
as they are.
Grow each day a little more.
Learn as much as you can.
You will find that "limitations"
are only guideposts
that will point you toward
an unexpected star.

Habrá días buenos
y días malos en tu vida.
Habrá momentos
en los que quieras reír
y momentos en los que quieras
gritar por la frustración.
Pero no permitas que
los días "malos" te depriman.
No permitas que tus propias
limitaciones o las de los demás
que te rodean te entristezcan.
En cambio, acepta tus talentos
como son.
Crece cada día un poco más.
Aprende todo lo que puedas.
Hallarás que las "limitaciones"
son sólo señales
que te mostrarán la dirección
hacia una inesperada estrella.

Orange Teeth

Learning to Make Time for What Matters

I was seven, and I was eating tomato soup when my mom told me it was time to go to the dentist. She rushed me out the door and soon we were in the car, speeding down the road, me with orange teeth.

When I opened my mouth in the dentist's chair, he immediately asked me why I had not brushed my teeth after eating. I explained the time-constraint thing, but he wasn't buying it. "The first lesson you need to learn in life is that there is always time to brush your teeth," he said, stressing the word "always." And that was the end to our conversation.

As you get older, the orange-teeth situation may show up in your life in more complicated ways. Two of your teachers may schedule big tests on the same day that you have a book report or a job application due or lines to memorize for a school play. Sometimes you may have a test to study for on the same day that you have a big soccer game. Or maybe you're scheduled to babysit your little sister and also have to write a term paper.

Dientes anaranjados

Aprender a tener tiempo para las cosas importantes

Tenía siete años y estaba comiendo sopa de tomates cuando mi mamá me dijo que era hora de ir al dentista. Me hizo salir apurada y enseguida estábamos en el auto, yendo a velocidad por la calle y yo con los dientes anaranjados.

Cuando abrí la boca en el sillón del dentista, él me preguntó inmediatamente por qué no me había cepillado los dientes después de comer. Le expliqué el tema del apuro, pero no le importó. "La primera lección que tienes que aprender en la vida es que siempre hay tiempo para lavarse los dientes", me dijo poniendo énfasis en la palabra "siempre". Y ese fue el fin de nuestra conversación.

A medida que crezcas, la situación de los dientes anaranjados podrá presentarse en tu vida en formas más complicadas. Es posible que dos de tus profesores programen exámenes para el mismo día que tienes presentar un informe sobre un libro o presentar una solicitud de trabajo o memorizar las líneas de una obra teatral para la escuela. A veces es posible que tengas que estudiar para un examen el mismo día que tienes un juego de fútbol importante. O quizás tengas que cuidar a tu hermana menor y además escribir una monografía final.

Making good grades is a big part of steering yourself toward a good future. Some schools have rules that prohibit teachers from scheduling too many tests on the same day. If yours doesn't, you can try talking to one or more of your teachers and explaining your (and possibly also your classmates') predicament.

But as you get older, be prepared for an answer you may not like. In a writing class I took in college, I had a short story due on the same day that I had to turn in my thesis (a really long report that needs to be completed on time if you want to graduate).

"This story is not up to your usual standards," the teacher said to me. Though I had not been planning to mention anything, I blurted out to him that my thesis was due right after class.

There was a brief silence. "I don't care what else is going on in your life — if you have a thesis or a car payment or a baby due or you are DYING — when you come into this room, all that matters is the quality of your story."

On one level it was inspiring that the teacher was unyielding in his standards. But what I really learned from the ordeal was to plan WAY ahead, work VERY hard, and then do my best under whatever time constraints or circumstances I faced.

Obtener buenas notas es una parte importante de encaminarte hacia un buen futuro. Algunas escuelas tienen reglas que prohíben a los profesores que programen demasiados exámenes en el mismo día. Si la tuya no lo prohíbe, puedes intentar hablar con uno o más de tus profesores y explicarles tu predicamento (que posiblemente sea el mismo de tus compañeros).

Pero a medida que crezcas, prepárate para recibir una respuesta que tal vez no te guste. En una clase de escritura que tomé en la universidad, tenía que entregar un cuento breve el mismo día que tenía que entregar mi tesis (un informe muy largo que se tiene que terminar a tiempo si deseas graduarte).

"Este cuento no está a la altura de tu calidad usual", me dijo el profesor. Si bien no había planeado mencionar nada, le conté que tenía que entregar mi tesis inmediatamente después de clases.

Se hizo un breve silencio. "No me importa qué otra cosa sucede en tu vida — si tienes que entregar una tesis, hacer un pago del auto, si va a nacer tu bebé o estás MURIENDO — cuando entras en esta sala, todo lo que importa es la calidad de tu historia".

Hasta cierto punto fue inspirador que el profesor no cediera en sus estándares. Pero lo que realmente aprendí de esta experiencia fue planificar con MUCHA anticipación, trabajar MUY duro y hacer mi mejor esfuerzo sean cuales sean las limitaciones de tiempo o las circunstancias que enfrente.

Stuff to Consider
When Your Schedule Gets Too Full

1. The best way to deal with not having enough time for everything you want to do is to prepare as far in advance as you can.

2. If you know when the tests and papers and athletic games and practices are going to be scheduled, mark them down on a calendar with different colored markers. You can even use stickers to make it fun. That way you can start studying or preparing your paper early and you won't be swamped and stressed out the night before.

Cosas para considerar
cuando tu agenda está muy llena

1. La mejor manera de manejarte cuando no tienes suficiente tiempo para hacer todo lo que quieres es prepararte con toda la anticipación que puedas.

2. Si sabes cuándo serán los exámenes, las monografías y las competencias atléticas, márcalas en un calendario con marcadores de distintos colores. Incluso puedes usar calcomanías para que sea divertido. De esa manera puedes comenzar a estudiar o preparar tu trabajo escrito temprano y no te encontrarás agobiada y estresada la noche anterior.

Calendario

Always do what you can...
to put a smile
on someone's face...
to be a friend to
someone who needs one.

Always do what you can...
to make the world
a better place
and to help someone else out
by being yourself.

Siempre haz lo que puedas...
para poner una sonrisa
en el rostro de alguien...
por brindar tu amistad a
alguien que lo necesita.

Siempre haz lo que puedas...
para hacer del mundo un
mejor lugar
y para ayudar a otra persona
al ser tú misma.

Upside-Down Smile

Gossip Hurts

One day in January I received a group e-mail from Suzanne asking me to read her online diary.

Suzanne and I had been friends once but hardly ever saw each other anymore. We did different activities now, and in the past she hadn't been particularly nice to me or my friends whenever we met up to do something together.

In short, by that cold day in January when I received her group e-mail, we'd drifted far apart. As far as reading her every thought — it wasn't first on my list.

I saved the link to the diary and decided to read it later.

I remember the warm day in February when I did. Expecting to read about the musings or new happenings and interests of Suzanne, I instead found something completely different.

For whatever reason — maybe because we weren't really friends anymore — Suzanne had decided to use her new online diary mostly as a place to write a lot of mean things about me.

Una sonrisa invertida

Los chismes hieren

Un día en enero recibí un e-mail grupal de Suzanne en el que me pedía que leyera su diario online.

Suzanne y yo habíamos sido amigas pero casi no nos veíamos últimamente. Teníamos actividades distintas ahora y en el pasado no había sido particularmente agradable conmigo ni con mis amigas cuando nos encontrábamos para hacer algo juntas.

En resumen, para ese día frío de enero en el que recibí su e-mail grupal ya nos habíamos distanciado. En cuanto a leer todo lo que pensaba — no era lo primero en mi lista de prioridades.

Guardé el vínculo del diario y decidí leerlo en otro momento.

Recuerdo el cálido día de febrero en que lo hice. Esperaba leer sobre las meditaciones o los nuevos acontecimientos y los intereses de Suzanne, pero en cambio encontré algo completamente distinto.

Por alguna razón — quizás porque ya no éramos verdaderamente amigas — Suzanne había decidido usar su nuevo diario online más que nada como un lugar donde escribir una cantidad de cosas malas sobre mí.

As I continued reading, confusion, anger, and a rainbow of other emotions raced through my head. I read about how, not long ago, Suzanne had gone to a place where I happened to be hanging out, too. When she saw that I was there, she snuck in and hid in the back to make sure I couldn't see her, and then she made sure to leave after I did. All this, according to her diary, was because she didn't want to have to say "hi" to me.

Temporarily disheartened, I deleted Suzanne's e-mail and shut down my computer. Then I went outside and rode my bike for a really long time.

Later, I sought out a friend who likes me for who I am to talk about what happened and help me get past my feelings of anger and sadness.

Even after you stop listening, gossip can still hurt.

A medida que leía, pasaron por mi cabeza confusión, enojo y una variedad de emociones diversas. Leí como, no hacía mucho, Suzanne había ido a un lugar en el cual resultó que también estaba yo. Cuando vio que yo estaba allí, disimuladamente se escondió en la parte de atrás para asegurarse de que yo no pudiera verla y luego se aseguró de irse antes que yo. Todo esto lo hizo, según su diario, porque no quería tener la obligación de saludarme.

Descorazonada temporalmente, borré el e-mail de Suzanne y cerré mi computadora. Luego salí y anduve en bicicleta por un largo rato.

Más tarde, busqué una amiga que me quiere por lo que soy para hablar sobre lo que había sucedido y para que me ayudara a superar mis sentimientos de enojo y tristeza.

Incluso después de que hayas dejado de escucharlos, los chismes siguen hiriendo.

Stuff to Consider
When Someone Gossips About You

1. You can't control other people's words or actions, so don't stress about that. You <u>can</u> control your own words and actions and use them in a positive way.

2. Never let anyone else's opinion define you. Ever. And pretty much everyone — from presidents to pop princesses — gets gossiped about sooner or later. Just remember: Gossip is like a monster that lives on your attention. The less attention you feed (pay) it, the sooner it will starve (go away).

3. Online diaries and blogs can be a fun way to express your creativity and keep in touch with friends by posting pictures, quotes, music, etc. If you write about people you know, think about what you say and why you are saying it.

Cosas para considerar
cuando alguien cuenta chismes sobre ti

1. No puedes controlar las palabras o acciones de otras personas, así que no te pongas mal por eso. <u>Puedes</u> controlar tus propias palabras y acciones y usarlas de manera positiva.

2. Nunca dejes que la opinión de otro te defina. Nunca. Y prácticamente la mayoría de las personas — desde los presidentes hasta las princesas del pop — son blanco de los chismes tarde o temprano. Sólo recuerda: Los chismes son como monstruos que viven de nuestra atención. Cuanta menos atención les des de comer (prestes), antes se morirán de hambre (desaparecerán).

3. Los diarios online y los blogs pueden ser una forma divertida de expresar tu creatividad y mantenerte en contacto con tus amigos publicando fotografías, citas, música, etc. Si escribes sobre gente que conoces, piensa en lo que dices y por qué lo dices.

You Are a Girl
with a Lot of Heart

Life is as precious,
fleeting, hopeful, challenging,
and magical as the sweet music
of a butterfly's two wings.
With each step we grow up,
and even as we fall,
we grow strong.

Eres una niña
con un gran corazón

La vida es preciosa,
efímera, prometedora, exigente,
y mágica como la dulce música
de las dos alas de una mariposa.
Crecemos con cada paso,
e incluso cuando caemos,
nos fortalecemos.

The Leaves on the Trees

The Day I Got Eyeglasses

The first day of third grade, I had to squint to read the chalkboard from where I was sitting. So my teacher moved me to a seat closer to the front. That afternoon, I went to see the school nurse because I had a headache, and she told me I wasn't sick, but needed to get a pair of eyeglasses.

Later with my mom, I picked out small, silver-colored frames with a matching light-blue case.

Immediately I was startled by how detailed things looked when I had on my new glasses. The frames felt strange on my nose. I wanted to take them off for recess, but I liked how they helped me see clearly. So I kept them on.

Outside I saw Robert, a boy from my class, swinging alone. Past him, I could see the individual leaves on the trees. These would have been a blur to me before.

Las hojas de los árboles

El día que empecé a usar anteojos

El primer día de tercer grado, tenía que entrecerrar los ojos para leer la pizarra desde donde estaba sentada. Así que mi maestra me mudó a un asiento más cercano al frente. Esa tarde, cuando fui a ver a la enfermera de la escuela porque tenía dolor de cabeza, ella me dijo que no estaba enferma, pero que necesitaba usar anteojos.

Más tarde fui con mi mamá y elegimos un marco plateado pequeño con un estuche celeste haciendo juego.

Inmediatamente quedé sorprendida de lo detalladas que veía las cosas cuando tenía puestos mis nuevos anteojos. El marco se sentía como algo extraño sobre mi nariz. Tenía ganas de quitármelos para el recreo, pero me gustaba la manera en que me ayudaban a ver con mayor claridad. Así que me los dejé puestos.

Afuera vi a Robert, un chico de mi clase, columpiándose solo. Más allá, pude ver las hojas individuales de los árboles. Antes las habría visto como una mancha borrosa.

I was called into a pick-up game of kickball, but I felt off balance and was scared of the ball hitting me in the face. When I missed the ball, someone from the other team made a crack about my eyesight. Someone else joked about how nobody should pick me for a team again because of my glasses. I didn't say, "It's not like everybody has to be exactly the same." I didn't say, "It's not my fault I can't see things far away without glasses."

I picked up my backpack and silently went inside, leaving the game behind.

Then I heard a sound behind me.

Robert had followed me in. He told me he was impressed I didn't tell on the bullies who were picking on me.

"You never tell on anybody," he blurted out. "I've never met anyone like that," he said, "ever."

So my first day of wearing glasses at school was not so bad after all. Someone had given me a compliment I wouldn't forget — and I could see the leaves on the trees.

Me llamaron para jugar al kickbol, pero me sentía desconcertada y tenía miedo de que la pelota me golpeara en la cara. Cuando erré a la pelota, alguien del otro equipo hizo una broma sobre mi vista. Alguien más bromeó sobre que nadie debería elegirme para su equipo la próxima vez, debido a mis anteojos. No dije, "No se supone que todos debamos ser exactamente iguales". No dije, "No es mi culpa que no pueda ver las cosas de lejos sin mis anteojos".

Cogí mi mochila y me fui en silencio, dejando atrás el juego.

Entonces escuché algo detrás de mí.

Robert me había seguido. Me dijo que le había impresionado que no hubiese denunciado a los compañeros crueles que me estaban molestando.

"Tú nunca denuncias a nadie", exclamó. "Nunca conocí a alguien así", dijo, "nunca".

Así que el primer día que usé anteojos en la escuela no fue tan malo después de todo. Alguien me había dicho un cumplido que no olvidaría — y ahora podía ver las hojas de los árboles.

Stuff to Consider
When You're Going Through a Change

1. If you are going through a change — whether it's getting glasses or being the tallest kid in class — you may find support in unexpected places, even from people who don't have the exact same issue to deal with. Parents and teachers can be good listeners and might have good ideas, too.

2. There may not always be someone right there to help you out, but don't worry about that. In the meantime you can find inspiration in movies, books, music, art, sports, or simply in the world around you.

3. If you are looking for information or inspiration for a situation or problem you are currently dealing with, visit your local library. Most public libraries not only have books and magazines but also movies and music you can rent for free with a library card.

Cosas para considerar
cuando estás pasando por un cambio

1. Si estás pasando por un momento de cambio — ya sea que comiences a usar anteojos o seas la más alta de la clase — puedes encontrar apoyo en lugares inesperados, incluso de gente que no tiene exactamente el mismo problema. Los padres y los maestros pueden ser buenos para escuchar y pueden tener también buenas ideas.

2. Es posible que no siempre haya alguien para darte una mano, pero no te preocupes por eso. Mientras tanto puedes encontrar inspiración en las películas, los libros, la música, el arte, los deportes o simplemente en el mundo que te rodea.

3. Si buscas información o inspiración para una situación o problema que tengas que resolver, visita la biblioteca local. La mayoría de las bibliotecas no sólo tienen libros y revistas sino también películas y música que puedes sacar gratis con una tarjeta de la biblioteca.

Be true to yourself
because no one else
knows you like you do.
Be true to yourself
and always keep working
to make your dreams
come true.
Be true to your heart...
and to your mind
and to your soul...
and no matter where
you go...
there's no mountain
you can't climb.

Sé fiel a ti misma
porque nadie más
te conoce como tú.
Sé fiel a ti misma
y continúa siempre trabajando
para que tus sueños
se hagan realidad.
Sé fiel a tu corazón...
y a tu mente
y a tu alma...
y no importa adonde
vayas...
no existe una montaña
que no puedas escalar.

Speak Up

Finding My Own Voice

I was a pretty quiet person in elementary school, and my best friend, Allison, was a pretty loud person. We were always together since we liked to do a lot of the same stuff: ballet, sports, watching the same TV shows. And since she loved to talk and I didn't, I let her do a lot of the talking for me.

If we were in a group of kids waiting for the school doors to open in the morning and someone asked Allison and me whether we wanted to be in a game, I'd look at Allison, whisper my answer to her, and she'd tell the person who had asked, "Sure — absolutely. We'd love to."

"My best friend can't eat potatoes," Allison would tell her mom if I was eating dinner at her house so I wouldn't have to explain.

She and I were very close, like sisters. We had matching pajama tops. We memorized the names of the crayon colors and built elaborate mini-circus rides out of folded notebook paper on our desks.

Di lo que piensas

Encontrar mi propia voz

Yo era una persona muy callada en la escuela primaria y mi mejor amiga, Allison, era una persona bastante expresiva. Siempre estábamos juntas porque nos gustaba hacer muchas veces las mismas cosas: ballet, deportes, mirar los mismos programas de televisión. Y como a ella le encantaba hablar y a mí no, yo la dejaba hablar por mí.

Si estábamos en un grupo de chicos esperando para que se abrieran las puertas de la escuela a la mañana y alguien nos preguntaba a Allison y a mí si queríamos jugar, yo miraba a Allison, le susurraba mi respuesta y ella le decía a la persona que preguntó, "Claro — por supuesto. Nos encantaría".

"Mi mejor amiga no puede comer papas", le decía Allison a su mamá si yo estaba cenando en su casa, para que yo no tuviese que explicarlo.

Ella y yo éramos muy unidas, como hermanas. Teníamos pijamas iguales. Memorizábamos los nombres de los colores de los crayones y construíamos máquinas de parque de diversiones en miniatura, sobre nuestros escritorios, con papel anotador plegado.

Even though I sensed I probably needed to talk more if I wanted to speak well when I got older, "getting older" right then seemed a million miles away.

On the first day of school the following year, I was reading the list of students who would be in my class. I read to the very end, and Allison's name was not on the list. She had a different teacher.

My assigned seat in class was right up front, between a girl with a silver necklace and a boy who stuffed cheese up his nose to try to impress us whenever the teacher wasn't looking. I looked around and decided I could make friends and would try to speak up more. It would just be kind of hard at first because I'd been relying on the courage and words of my best friend, Allison.

Si bien tenía la sensación de que probablemente necesitara hablar más si quería hablar bien cuando fuera grande, "ser grande" en ese momento parecía estar a millones de kilómetros de distancia.

El primer día de clases del año siguiente, estaba leyendo la lista de estudiantes que estarían en mi clase. La leí hasta el final y el nombre de Allison no estaba en la lista. Ella tenía otra maestra.

Mi asiento asignado en la clase se encontraba bien al frente, entre una niña con un collar de plata y un niño que se metía queso en la nariz para impresionarnos cada vez que la maestra no estaba mirando. Miré a mi alrededor y decidí que podía hacer amigos y que intentaría expresarme más. Sería algo difícil al principio porque había estado apoyándome en la valentía y las palabras de mi mejor amiga, Allison.

Stuff to Consider
When You're Separated
from a Friend

1. Best friends stick up for each other all the time, and this is a great thing. Just make sure you also know how to stand on your own, too, because sooner or later there will be a time when you have to.

2. Don't worry if you are separated from someone you're friends with. Allison and I were friends for many years growing up — even after I learned how to make different friends.

Cosas para considerar cuando te separas de un amigo

1. Los mejores amigos se defienden entre sí todo el tiempo y eso es algo genial. Sólo asegúrate de saber cómo defenderte sola también, porque tarde o temprano llegará el momento en que tendrás que hacerlo.

2. No te preocupes si te separan de alguien de quien eres amiga. Allison y yo fuimos amigas durante muchos años cuando éramos niñas — incluso después de que aprendí a hacer otros amigos.

What Is Success?

Success is standing on
your own two feet.
Success is knowing you've
done your best.
Success is giving it your
best shot.
Success is telling the people
you care about that you do.
Success is staying encouraged
in the face of life's obstacles and
picking yourself up when you fall.
Success is being yourself.
Success is learning
something new every day.

¿Qué es el éxito?

El éxito es estar parada sobre
tus dos pies.
El éxito es saber que has
hecho lo mejor que puedes.
El éxito es dar tu
mejor esfuerzo.
El éxito es decirle a la gente
que te importa lo que haces.
El éxito es permanecer entusiasmada
al enfrentar los obstáculos de la vida y
levantarte cuando caes.
El éxito es ser tú misma.
El éxito es aprender
algo nuevo cada día.

Fun Lists to Keep in Your Back Pocket or in the Pocket of Your Backpack

List #1
Good Ways to Get Through a Bad Day

1. Take a walk, ride your bike, skateboard, walk your dog, or in-line skate to clear your head.

2. Go outside, lie down on your back on the grass, and look up at the sky. If this is not possible, lie down on your back on the carpet in your room. This activity may sound strange, but it really works. Feeling the force of gravity causes your body to relax, your problems to seem smaller, and you to feel grounded. Plus, it only takes a few minutes.

3. Create a poem, write in your journal, or blog about your life — you may find out things about yourself that you didn't even know you were thinking.

4. Send cards or e-mails to your friends.

Listas divertidas para llevar en tu bolsillo o en el bolsillo de tu mochila

Lista N° 1
Buenas maneras de sobrevivir un mal día

1. Sal a caminar, anda en bicicleta, anda en patineta, pasea a tu perro o sal a patinar para aclarar tu cabeza.

2. Ve afuera, acuéstate en el pasto y mira al cielo. Si esto no es posible, recuéstate sobre tu espalda sobre la alfombra de tu cuarto. Esta actividad puede sonar extraña, pero realmente funciona. Sentir la fuerza de gravedad hace que tu cuerpo se relaje, tus problemas parezcan más pequeños y te sientas con los pies más en la tierra. Además, sólo lleva unos minutos.

3. Inventa un poema, escribe en tu diario o tu blog sobre tu vida — es probable que descubras cosas sobre ti que ni siquiera sabías que estabas pensando.

4. Envía tarjetas o e-mails a tus amigos.

List #2
How to Deal with Almost Anything

1. If you are disappointed in yourself, immediately think of a plan of action for how you can start improving.

2. The best defense against nervousness is to be thoroughly prepared. Don't forget to practice whatever it is you want to do!

3. Stare down your deepest fears and turn them into things you can overcome or accomplish.

4. Look for heroes, good days, and possibilities.

Lista N° 2
Cómo manejar casi cualquier cosa

1. Si estás disconforme contigo misma, piensa inmediatamente en un plan de acción para comenzar a mejorar.

2. La mejor defensa contra el nerviosismo es estar bien preparada. ¡No olvides practicar lo que sea que quieras hacer!

3. Enfrenta tus miedos más profundos y conviértelos en cosas que ya puedes vencer o lograr.

4. Busca héroes, días buenos y posibilidades.

List #3
You Have the Power to Make Real Miracles Happen

1. Give your word — and then stick to it.

2. Lend your heart and hands to someone who needs them.

3. If you make a mistake, own up to it and try to fix what you did. If you don't know how, find someone who can help.

4. Be a good friend.

5. Find your own story, your own song, your own way of looking at things.

6. Give and accept compliments.

7. Work toward your dreams every day.

8. Live your life with all your heart.

Lista N° 3
Tienes el poder de hacer que sucedan verdaderos milagros

1. Da tu palabra — y cúmplela.

2. Dale tu corazón y tus manos a alguien que los necesita.

3. Si cometes un error, hazte cargo e intenta arreglar lo que hiciste. Si no sabes cómo hacerlo, busca a alguien que pueda ayudarte.

4. Sé una buena amiga.

5. Encuentra tu propia historia, tu propia canción, tu propia manera de ver las cosas.

6. Da y acepta cumplidos.

7. Trabaja para alcanzar tus sueños todos los días.

8. Vive tu vida con todo tu corazón.

Words to Help You Grow Up Strong

As you go on in this world, always believe in your dreams. Keep looking forward to the future... to all you might be. Don't let old mistakes or misfortunes hold you down: learn from them, forgive yourself... or others... and move on. Do not be bothered or discouraged by adversity. Instead, meet it as a challenge. Be empowered by the courage it takes you to overcome obstacles. Learn something new every day. Be interested in others and what they might teach you, but do not look for yourself in other people's approval. As far as who you are and who you will become...

Palabras para ayudarte a crecer con fortaleza

En tu trayecto por este mundo, siempre cree en tus sueños. Mira siempre hacia el futuro... hacia todo lo que podrías ser. No permitas que te frenen viejos errores o desgracias: aprende de ellos, perdónate... o perdona a los demás... y sigue por tu camino. No te dejes desalentar por las adversidades. Enfréntalas como un reto. Déjate impulsar por la valentía que exige superar obstáculos. Aprende algo nuevo cada día. Interésate en los demás y en lo que ellos podrían enseñarte, pero no te busques en la aprobación de los demás. Si quieres saber quién eres y en quién te convertirás...

...the answer is always within yourself. Believe in yourself. Follow your heart and your dreams. You... like everyone... will make mistakes. But so long as you are true to the strength within your own heart... you can never go wrong.

...la respuesta la encontrarás siempre dentro tuyo. Cree en ti. Sigue los anhelos de tu corazón, sigue tus sueños. Como todos los demás, tú cometerás errores. Pero siempre que le seas fiel a la fortaleza de tu propio corazón... no te equivocarás.